Inhalt

Interkulturelles Management - Zusammenarbeit in interkulturellen Teams gestalten

Kernthesen

Beitrag

Fallbeispiele

Weiterführende Literatur

Impressum

Interkulturelles Management - Zusammenarbeit in interkulturellen Teams gestalten

I. Lukmann

Kernthesen

- Unternehmensaktivitäten werden zunehmend international ausgerichtet. Für diese interkulturell ausgerichtete Arbeit werden in der Regel internationale Teams und Projektgruppen gebildet.
- Gemischt-kulturelle Teams werden hierbei aus der Sicht des Unternehmens den monokulturellen Teams vorgezogen. Dabei

kombinieren gemischt-kulturelle Teams unterschiedliche Sichtweisen sowie Arbeitsstile miteinander und agieren auf diese Weise in der Regel produktiver.
- Mitglieder eines interkulturellen Teams sollten sich anpassen und Veränderungen mittragen können.

Beitrag

Die Bildung interkultureller Teams ist in international ausgerichteten Unternehmungen auf dem Vormarsch. Die Zielsetzungen der Teams besteht darin, grenzüberschreitend zu Denken und zu Handeln, sowie international ausgerichtete Fragestellungen im Sinne des Konzerns lösbar zu machen. Dabei ist es notwendig, die Kommunikations- und Koordinationsprozesse im interkulturellen Zusammenhang effizent zu gestalten. Neben der Effizienzerhöhung im Rahmen des Projektes kann durch die Gestaltung interkultureller Teams und deren Erfolg auch eine erhöhte organisationale Kompetenz der Unternehmung erreicht werden. (3), (5)

Steuerung von Unternehmen im

internationalen Umfeld

Der Aufbau interkultureller Kompetenz in einer Organisation wird zunehmend über den Aufbau von interkulturellen Teams realisiert. Dabei wird die Entwicklung interkultureller Kompetenz dazu genutzt, komplexe Aufgabenstellungen zu lösen. Für diese Aufgaben werden zunehmend die Kenntnisse verschiedener Länder und verschiedener Einsatzstrukturen benötigt. Diese passen nicht mehr zu den herkömmlichen Organisationsformen wie beispielsweise den hierarchischen Linienorganisationen.

Anforderungen an interkulturelle Teams

-International ausgerichtete Teams setzen ganzheitliche Lösungen für die Unternehmungen um. Der Transfer von Wissen, Kompetenzen, Denkprozessen sowie Erfahrungswissen führen dazu, dass auf beiden Seiten Wissenssynergien entstehen.

-Eine ausgeprägte Mobilität innerhalb der organisationalen Strukturen sowie des Kulturkreises an den betreffenden Standorten ist für Teammitglieder eines interkulturellen Teams notwendig.

-Interkulturelles Konfliktpotenzial wird durch den Aufbau einer vernetzten Kommunikation erheblich verringert. Teammitglieder sollten die Kommunikation und den Austausch untereinander erhöhen. (3)

Empfehlungen zur Zusammensetzung von interkulturellen Teams

-Die Auswahl der Projektmitglieder erfolgt häufig über Assessmentcenter oder Interviews. Entscheidende Kriterien bei der Auswahl des Teams sind neben der sprachlichen Kompetenz auch die Verfügbarkeit, das heißt, ob der betreffende Mitarbeiter von seiner bisherigen Stelle entbehrt werden kann. Wichtige Voraussetzung für die Zusammenstellung eines erfolgreichen Teams sind zudem hinreichende Kenntnisse der Organisation und der -strukturen in den betreffenden Kulturkreisen.

-Große Bedeutung hat auch der Grad an Sensitivität über das ein interkulturelles Projektteam verfügen sollte. Der Transfer von Managementkonzepten eines Kulturkreises in einen anderen Kulturkreis ist wichtig für den Erfolg der anstehenden Projekte.

-Virtuelle Teamarbeit kann das Arbeiten eines Teams maßgeblich unterstützen. Wichtig ist jedoch, dass Teammitglieder sich auch persönlich Treffen um Vertrauen untereinander aufbauen zu können. Dies wird unter anderem auch unter dem Begriff Cultural Awareness subsummiert.

-Interkulturelle Projektteams sollten ein hohes Maß an Selbstverantwortung und Partizipationsmöglichkeiten haben. Das Top-Management muss entsprechend dazu bereit sein, Verantwortung abzugeben. Das Team sollte über alle notwendigen Informationsstrukturen sowie Kommunikationswege und Ressourcen verfügen können. (3)

Interkulturelle Projektarbeit als Herausforderung

Eine der Hindernisse in der interkulturellen

Teamarbeit ist das so genannte Cultural Gap. Damit ist die interkulturelle Differenz gemeint. Dies drückt sich vor allem durch Unterschiede in den Verhaltens- und Arbeitsweisen aus. Bedeutsam ist auch die Wahrnehmung des zeitlichen Umsetzungsfaktors. Letztlich führt ein hohes Cultural Gap zu einem hohen Effizienzverlust, der sich in einem erhöhtem zeitlichen als auch koordinierenden Aufwand ausdrückt. Vor allem die Distanzen und virtueller Teamarbeit erhöhen und festigen den Cultural Gap und erhöhen somit den Aufwand auf beiden Seiten. (3), (4)

Interkulturelle Unterschiede am Beispiel Deutschland und Polen

In Polen kommt es darauf an, Netzwerke aufzubauen und langfristige Leistungspartnerschaften zu entwickeln. Die Umsetzung von kurzfristigen Kostenvorteilen ist in Polen nicht gern gesehen. Dies sind einige der Kompetenzen, die deutsche Unternehmen im Rahmen geschäftlicher Beziehungen mit polnischen Unternehmen berücksichtigen sollten.

Polnische Unternehmungen haben zum Thema Neuerungen in Unternehmen tendenziell die

Auffassung, offen und neugierig diese neuartigen Ansätze anzunehmen und diese pragmatisch umzusetzen. Die Kommunikationswege und -kontakte sollten in Polen sehr persönlich und durchaus privat gestaltet werden. Es ist in polnischen Unternehmungen wichtig, Erfolge zu feiern.

Deutsche Unternehmen sind neuartigen Ansätzen gegenüber tendenziell konservativ eingestellt. In deutschen Unternehmenskulturen werden vornehmlich bewährte Ansätze zur Problemlösung umgesetzt. Es erfolgt eine ausgiebige Auseinadersetzung um die besten Konzepte. Die Kundenkontakte und Kommunikationswege erfolgen in der Regel sachorientiert und direkt. Das Besprechen persönlicher Befindlichkeiten bleibt in deutschen Organisationsstrukturen außen vor. Erfolg wird in deutschen Unternehmen nicht ausgiebig gefeiert, da deutsche Unternehmen meist bereits von einer Aufgabe zur Nächsten übergehen. (4)

Interkulturelle Unterschiede am Beispiel Deutschland und Nahost

In Deutschland genießen Unternehmen den Vorzug, dass die nahöstlichen Staaten gerne mit deutschen Unternehmen zusammenarbeiten. Die

Berücksichtigung einiger Punkte ist jedoch in der interkulturellen Zusammenarbeit notwendig. In so genannten Management-Circle-Seminaren kann gelernt werden, dass im Nahen Osten das Kollektiv im Vergleich zum individuell geprägten und auf Selbstverwirklichung ausgerichteten Menschenbild in Deutschland vorherrscht. Die im Nahost stark hierarchisch und patriarchalisch geprägten Organisationsstrukturen zeigen auf, dass eine sehr hohe Wertschätzung von persönlichen Beziehungen ausgeht. Beziehungspflege ist daher das A und O einer funktionierenden internationalen Zusammenarbeit. Folgende Unterschiede sollten zwischen den Nahöstlichen und deutschen Unternehmen berücksichtigt werden:

-Persönliche Bindung wird in der Regel über Geschenke gestärkt. Wichtig dabei ist, dass die Beziehungspflege auch die gesamte Familie berücksichtigt. So erhält beispielsweise ein arabischer Junge über seinen Vater ein Gastgeschenk wie zum Beispiel Karten für ein Bayern-München Spiel.

-Hinzu kommt, dass das Thema Religion bei geschäftlichen Kooperationen unerwünscht ist. Auch sollten politische Themen für die Geschäftsbeziehungen vermieden werden.

-Tabuthema ist das Herausstellen der Arbeit eines

Einzelnen. Auch dies widerspricht dem Ansatz, dass arabische Völker kollektive Strukturen bevorzugen.

-Ein weiteres Tabuthema ist auch das Reichen der linken Hand zum Gruß. Die linke Hand gilt im arabischen als unrein und wird daher nicht zum Gruß gereicht (1)

Fallbeispiele

Das Zentrum für Hochschul- und Qualitätsmanagement / Meduse der Universität Duisburg-Essen gehen davon aus, dass Frauen mit Migrationshintergrund aufgrund ihrer interkulturellen Fähigkeiten zunehmende Chancen auf dem beruflichen Arbeitsmarkt haben. Grund hierfür sind besondere Qualifikationen wie zum Beispiel die Mehrsprachigkeit und ein besonders sensible Herangehensweise dieser Frauen, wenn es um interkulturelle Teambelange geht. (2)

Weiterführende Literatur

(1) Business mit islamischen Geschäftspartnern Do's

and Don'ts in Nahost
aus Markt und Technik, Heft 18/2006, S. 23

(2) Fremdheit als Chance
aus Rheinische Post Nr. vom 27.06.2006

(3) Nutzenpotenziale interkultureller Projektteams Empirisches Schlaglicht und ausgewählte Gestaltungsempfehlungen
aus Projektmanagement aktuell, Heft 2/2006, S. 34-40

(4) INTERKULTURELLE KOMPETENZ ODER DIE KUNST DER KOMMUNIKATION Spinnen die Römer?
aus QZ Qualität und Zuverlässigkeit, Heft 2/2006, S. 72-73

(5) INTERKULTLURELLE TEAMS Interkulturelle Zusammenarbeit und Führung in internationalen Teams: Das Beispiel Deutschland - Frankreich
aus zfo Zeitschrift Führung + Organisation Nr. 01 vom 01.01.2006 Seite 35

(6) Unterschiede produktiv machen - Interkulturelle Managementberatung
aus ZFO - Zeitschrift Führung und Organisation 6/2006, S.344

Impressum

Interkulturelles Management - Zusammenarbeit in interkulturellen Teams gestalten

Bibliografische Information der deutschen Nationalbibliothek

Die Deutsche Nationalbibliothek verzeichnet diese Publikation in der deutschen Nationalbibliografie; detaillierte bibliografische Daten sind im Internet über http://dnb.d-nb.de abrufbar.

ISBN: 978-3-7379-0193-2

© 2015 GBI-Genios Deutsche Wirtschaftsdatenbank GmbH, Freischützstraße 96, 81927 München, www.genios.de

Alle Rechte vorbehalten. Dieses Werk ist einschließlich aller seiner Teile – z.B. Texte, Tabellen und Grafiken - urheberrechtlich geschützt. Jede Verwertung außerhalb der Grenzen des Urheberrechtsgesetzes bedarf der vorherigen Zustimmung des Verlags. Dies gilt insbesondere auch für auszugsweise Nachdrucke, fotomechanische

Vervielfältigungen (Fotokopie/Mikroskopie), Übersetzungen, Auswertungen durch Datenbanken oder ähnliche Einrichtungen und die Einspeicherung und Verarbeitung in elektronischen Systemen.